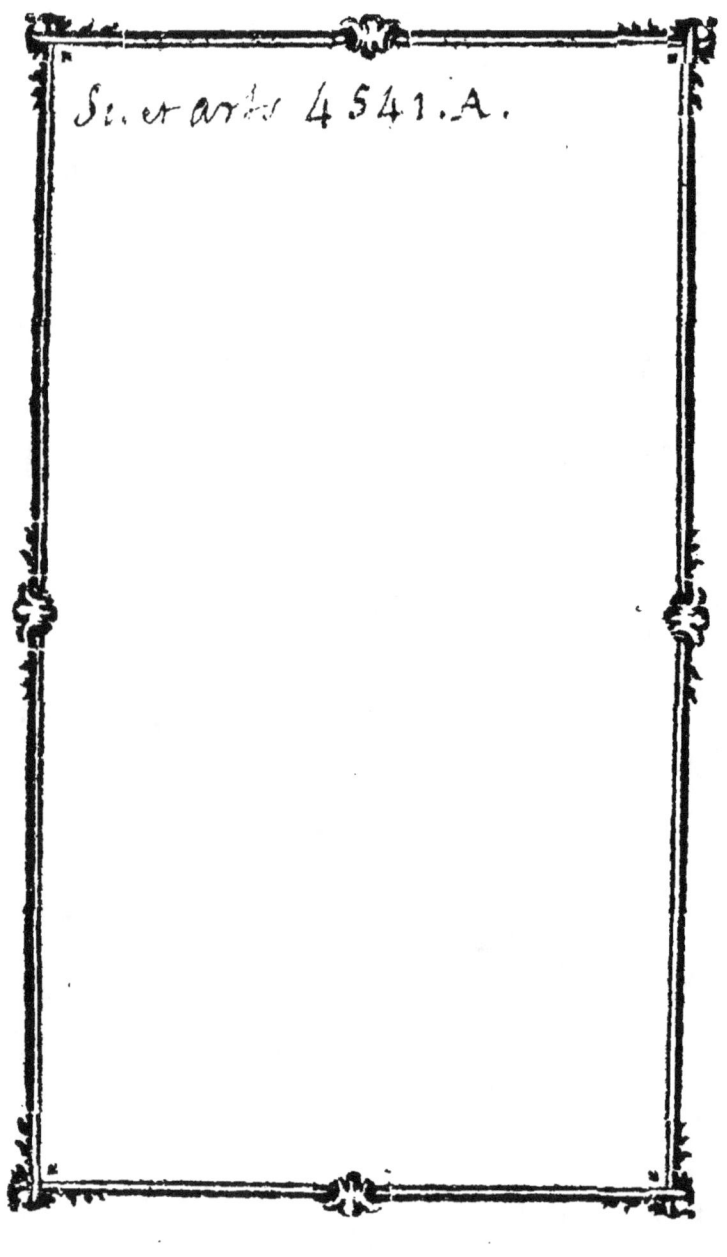

Sc. et arts 4541.A.

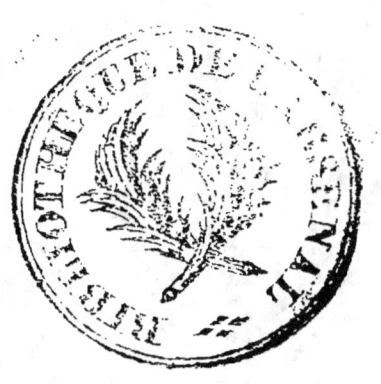

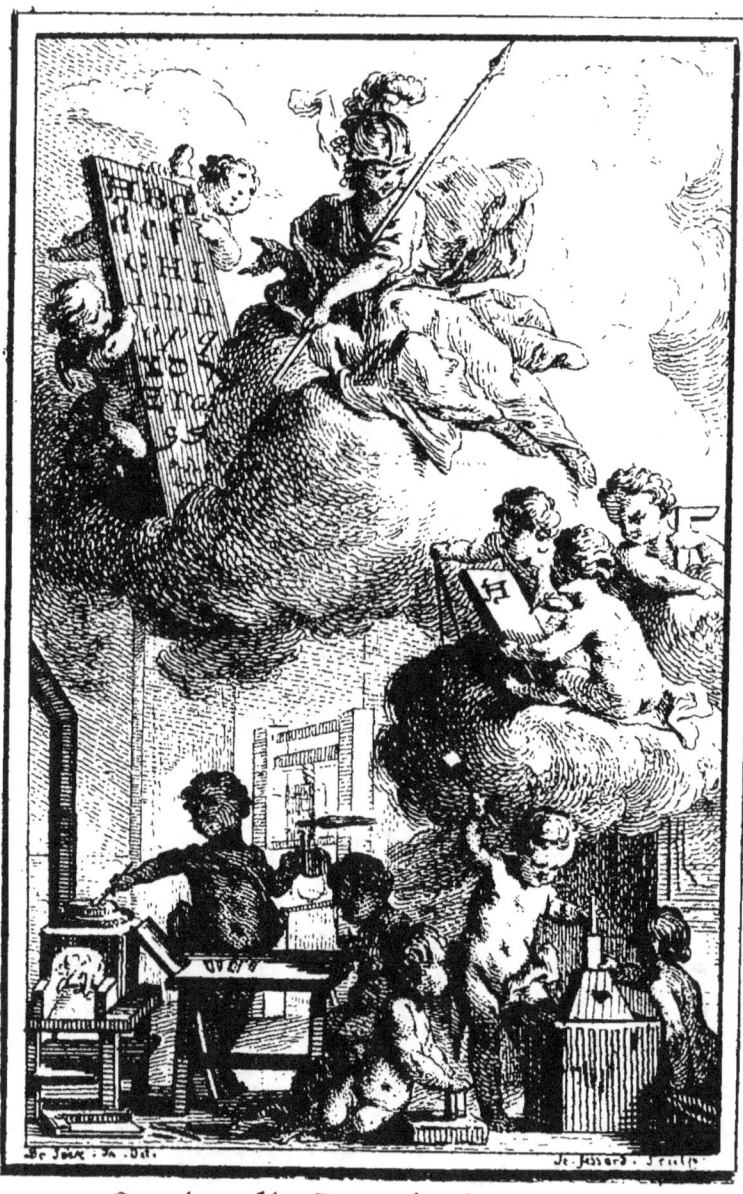

Soutien du Temple de mémoire,
Nous transmettons les Faits à la postérité;
Les Arts, les Sciences, l'Histoire
Nous doivent l'Immortalité.

ÉPREUVE,
DE
DEUX PETITS
CARACTÈRES.
NOUVELLEMENT GRAVÉS
Et exécutés dans toutes les parties
Typographiques,
PAR
FOURNIER LE JEUNE,
Graveur & Fondeur de Caractères
D'IMPRIMERIE.

A PARIS.

M. DCC. LVII.

AVERTISSEMENT.

Le Caractère qui compose le présent Avertissement est appellé *Nompareille*, nom qui lui a été donné dans son origine comme au plus petit caractère qui fût pour lors.

Le second qui compose quelques Fables, est nommé *Sédanoise*. Jean Jeannon, Graveur, Fondeur & Imprimeur à Sédan, grava, pour son propre usage, en 1623. un Caractère d'un cinquième plus petit que la *Nompareille*, avec lequel il imprima d'abort les œuvres de Virgile en un petit volume in-32. en 1625. au bas duquel il mit, *Sedani. Ex Typographia & Typis novissimis Joannis Jeannon* ; ce qui a donné le nom de *Sédanoise*.

On l'appelle encore *Parisienne*, nom que lui donna Jacques Sanlecque Graveur, Fondeur & Imprimeur à Paris, qui à l'imitation de Jeannon grava aussi un petit Caractère dont il imprima en 1636. un petit discours, en forme d'Étrennes, à la louange de Jeannon qui l'avoit précédé dans ce genre.

Sanlecque fit ce Caractère âgé, environ de 75. ans. Quoi qu'il se sente des vieux jours de cet excellant Artiste, cependant on n'en a point gravé d'autre depuis, en France, que pour le Roi. Ce qui m'a déterminé a faire celui qui suit, que je nommerée également *Parisienne*, quoique de beaucoup plus petit d'œil que celui qui a eu premièrement ce nom.

FABLE PREMIÈRE.

La Cigale & la Fourmi.

LA Cigale ayant chanté
　　Tout l'Eté ,
Se trouva fort dépourvûe
Quand la bife fut venue.
Pas un feul petit morceau
De mouche ou de vermiffeau.
Elle alla crier famine
Chez la Fourmi fa voifine ,
La priant de lui prêter
Quelque grain pour fubfister
Jufqu'à la faifon nouvelle.
Je vous pairai , lui dit - elle ,
Avant l'Oût , foi d'animal ,
Intérêt & principal.
La Fourmi n'eft point prêteufe :
C'eft la fon moindre défaut.
Que faifiez - vous au temps chaud ?
Dit - elle à cette emprunteufe.
Nuit & jour , à tout venant
Je chantois , ne vous déplaife.
Vous chantiez ? J'en fuis fort aife ;
Hé bien , danfez maintenane.

FABLE II.

Le Corbeau & le Renard.

Maitre Corbeau sur un arbre perché,
Tenoit en son bec un fromage :
Maître Renard, par l'odeur alléché,
Lui tint à peu près ce langage.
Hé bon jour, Monsieur le Corbeau !
Que vous êtes joli ! Que vous me semblé beau !
Sans mentir, si votre ramage
Se rapporte à votre plumage,
Vous êtes le Phœnix des hôtes de ces bois.
A ces mots, le Corbeau ne se sent pas de joie :
Et, pour montrer sa belle voix,
Il ouvre un large bec, laisse tomber sa proie.
Le Renard s'en saisit, & dit : Mon bon Monsieur,
Apprenez que tout flatteur
Vit aux dépens de celui qui l'écoute :
Cette leçon vaut bien un fromage sans doute.
Le Corbeau honteux & confus
Jura, mais un peu tard, qu'on ne l'y prendroit plus.

FABLE II.

Le Corbeau & le Renard.

Maitre Corbeau sur un arbre perché,
Tenoit en son bec un fromage :
Maître Renard, par l'odeur alléché,
Lui tint à peu près ce langage.
Hé bon jour, Monsieur le Corbeau !
Que vous êtes joli ! Que vous me semblé beau !
Sans mentir, si votre ramage
Se rapporte à votre plumage,
Vous êtes le Phœnix des hôtes de ces bois.
A ces mots, le Corbeau ne se sent pas de joie :
Et, pour montrer sa belle voix,
Il ouvre un large bec, laisse tomber sa proie.
Le Renard s'en saisit, & dit : Mon bon Monsieur,
Apprenez que tout flatteur
Vit aux dépens de celui qui l'écoute :
Cette leçon vaut bien un fromage sans doute.
Le Corbeau honteux & confus
Jura, mais un peu tard, qu'on ne l'y prendroit plus.

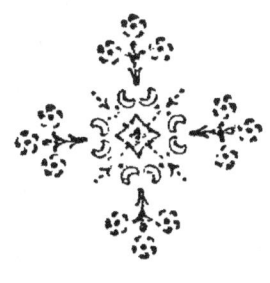

LIVRE I.

FABLE V.

Le Loup & le Chien.

UN Loup n'avoit que les os & la peau,
Tant les Chiens fesoient bonne garde :
Ce Loup rencontre un Dogue aussi puissant que beau,
Gras, poli, qui s'étoit fourvoyé par mégarde.
L'attaquer, le mettre en quartiers,
Sire Loup l'eût fait volontiers,
Mais il falloit livrer bataille ;
Et le Mâtin étoit de taille
A se défendre hardiment.
Le Loup donc l'aborde humblement,
Entre en propos, & lui fait compliment
Sur son embonpoint qu'il admire.
Il ne tiendra qu'à vous, beau Sire,
D'être aussi gras que moi, lui repartit le Chien.
Quittez les bois, vous ferez bien :
Vos pareils y sont misérables,
Cancres, hères & pauvres diables,
Dont la condition est de mourir de faim.
Car quoi ? Rien d'assuré : point de franche lipée :
Tout à la pointe de l'épée.
Suivez-moi, vous aurez un bien meilleur destin.
Le Loup reprit : Que me faudra-t-il faire ?
Presque rien, dit le Chien, donner la chasse aux gens
Portans bâtons, & mendians :
Flatter ceux du logis, à son maître complaire :
Moyennant quoi, votre salaire
Sera force reliefs de toutes façons,
Os de poulets, os de pigeons,
Sans parler de mainte caresse.
Le Loup déja se forge une félicité,
Qui le fait pleurer de tendresse.

FABLES.

Chemin faisant, il vit le col du Chien pelé :
Qu'est-cela ? lui dit-il. Rien. Quoi rien ? Peu de chose.
Mais encore ? Le colier dont je suis attaché,
De ce que vous voyez est peut-être la cause.
Attaché ! dit le Loup : vous ne courez donc pas
   Où vous voulez ? Pas toujours, mais qu'importe ?
Il importe si bien, que de tous vos repas
   Je ne veux en aucune sorte ;
Et ne voudrois pas même à ce prix un trésor.
Cela dit, Maître Loup s'enfuit, & court encor.

CARACTÈRE ITALIQUE,
Du même corps.

Pour être heureux il faut avoir
Plus de vertu que de sçavoir ,
Plus d'amitié que de tendresse ,
Plus de conduitte que d'esprit ;
Plus de santé que de richesse ,
Plus de repos que de profit.

En toutes choses la raison
Trouve le superflus blâmable ;
Le peu lui plait quand il est bon ;
Ce parti me semble admirable.
Fuyons donc toujours les excès
Que les dégoûts suivent de près.

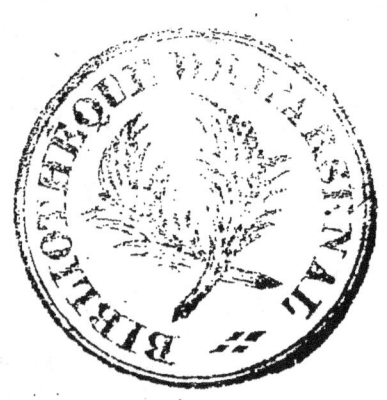

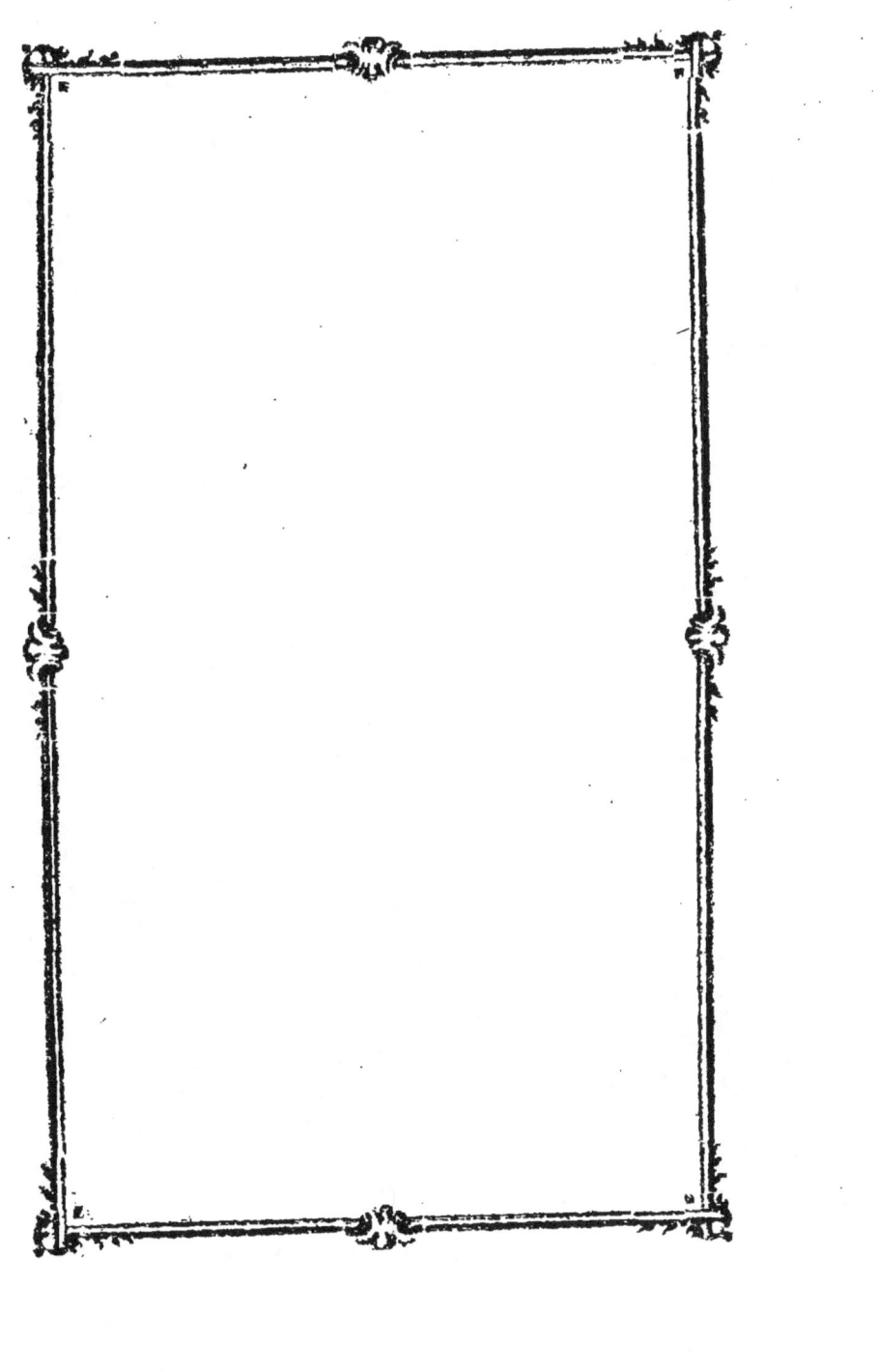

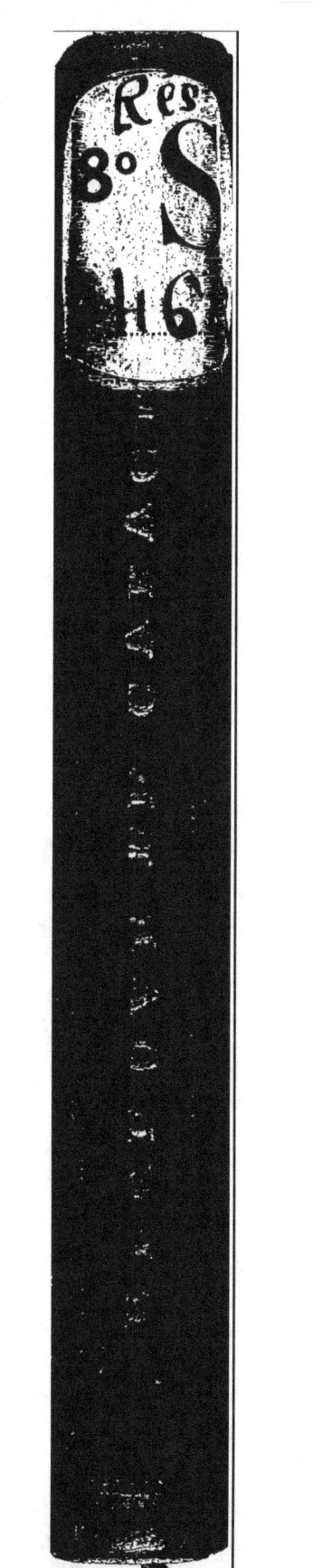

www.ingramcontent.com/pod-product-compliance
Lightning Source LLC
Chambersburg PA
CBHW030059230526
45471CB00003B/1164